R. P. LIGONNET

PETIT TRAITÉ

DE

POLITESSE

A L'USAGE SPÉCIAL

DES COLLÈGES CHRÉTIENS

TROISIÈME ÉDITION

PARIS

LIBRAIRIE CH. POUSSIELGUE

RUE CASSETTE, 15

1894

PETIT TRAITÉ

DE

POLITESSE

PROPRIÉTÉ DE

ALLIANCE DES MAISONS D'ÉDUCATION CHRÉTIENNE

PETIT TRAITÉ

DE

POLITESSE

A L'USAGE SPÉCIAL

DES COLLÈGES CHRÉTIENS

PAR

LE R. P. LIGONNET

DU TIERS ORDRE ENSEIGNANT DE SAINT-DOMINIQUE

TROISIÈME ÉDITION

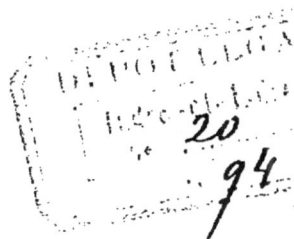

PARIS

LIBRAIRIE CH. POUSSIELGUE

RUE CASSETTE, 15

1894

Il y a une trentaine d'années, on trouvait encore, en France, d'aimables survivants d'un autre âge qui possédaient toutes les traditions de la politesse d'autrefois.

Leur physionomie à la fois grave et enjouée, leurs formes exquises, unies à une simplicité charmante, le parfum qui s'exhalait de leurs moindres paroles, la bonne grâce avec laquelle ils savaient écouter non moins que discourir, enfin le soin délicat qu'ils prenaient de mettre en lumière l'esprit des autres plus encore que le leur propre, tout cela formait un ensemble dont l'attrait était irrésistible. Il suffisait de voir ou d'en-

tendre un de ces vieillards vénérables et
sympathiques, pour se sentir aussitôt gagné
à lui, et on ne le quittait jamais sans être
enchanté de soi en même temps que de lui-
même.

Où en sommes-nous aujourd'hui de ces
habitudes de parfaite urbanité?

Le niveau de fer qui a passé sur la vieille
France, n'a pas seulement détruit des abus,
hélas! Bien des ruines ont marqué sa trace,
et parmi ces ruines, il n'est que trop facile
de découvrir celles des belles manières qui
distinguaient le siècle précédent.

Plus tard, comme si ce dommage n'avait
pas suffi, on vit la jeunesse française em-
prunter à l'étranger des coutumes et des
allures qui, Dieu merci, n'eurent jamais
rien de commun avec notre caractère na-
tional; et c'est ainsi que la société nouvelle
se trouva tout à coup inondée de pseudo-
Anglais, raides et gourmés dans leurs cols
de chemise, ou de pseudo-Américains affec-

tant une tenue excentrique et le plus regrettable sans-façon. Que dis-je? Tout récemment, alors que la patrie saignait encore des blessures que venait de lui faire un ennemi sans pitié, n'avons-nous pas eu le spectacle de Français mettant à la mode des vêtements imités des Prussiens!

Laissons aux Anglais leur raideur solennelle, aux Américains leur sans-gêne, et aux Allemands leurs gâteuses et leurs casques pointus. En fait de goût et de bonnes manières, la France n'a de leçons à recevoir de personne. C'est elle qui, dans le passé, donna le ton à l'Europe entière, et il dépend de ses jeunes fils de lui rendre cette gloire, comme toutes les autres.

Le petit livre que voici a été rédigé pour aider les éducateurs chrétiens dans leur noble tâche. C'est bien peu, en vérité; mais la plus humble lueur contribue cependant, pour une part réelle, à guider les pas du voyageur durant la nuit.

Placé entre les mains des enfants, puisse cet opuscule les éclairer plus tard dans leur marche à travers le monde, leur inspirer dès à présent le goût de la politesse, et leur en faire connaître les usages, si oubliés de nos jours!

I

Politesse du cœur. — Politesse des manières.

La politesse en général est la pratique de tous les égards que les hommes se doivent entre eux dans la société; mais pour être parfaite, elle doit nous rendre agréables à Dieu, en même temps qu'à nos semblables. Elle suppose donc deux choses : la vertu et une heureuse culture. Aussi, peut-on distinguer deux sortes de politesse, celle du cœur et celle des manières.

La politesse du cœur n'est, au fond, que l'art de s'oublier soi-même au profit d'autrui. Elle rend bienveillant avec les humbles, cordial avec les égaux, respectueux avec les supérieurs. Elle fait éprouver le désir de plaire, d'être utile à tous, et, pour y parvenir, elle est toujours prête à faire une foule de concessions et de sacrifices.

Elle n'a pas de règles fixes. La bonté de l'âme nous la révèle, et elle a pour guide la parole évangélique : Non seulement ne faites pas à votre semblable ce que vous ne voudriez pas qui vous fût fait, mais encore agissez en toutes choses envers lui comme vous voudriez que l'on agît envers vous-mêmes. Ainsi entendue, la politesse retient l'homme dans les bornes de la vertu, comme la vertu le retient dans les bornes de la politesse. Elle est elle-même une vertu, traduisant dans les relations sociales nos devoirs envers le prochain. On a eu grandement raison de la comparer à la charité, dont elle est la sœur aimable, et de lui appliquer les paroles de saint Paul : « Elle est patiente, douce, supporte tout, souffre tout, ne se pique, ne s'aigrit de rien, ne soupçonne point, ne juge point ; et l'en-

vie, l'orgueil, le dédain lui sont inconnus. »

La politesse du cœur n'admet pas la con-
trefaçon. Elle est la fidèle expression des
sentiments de l'âme. Réprimer l'orgueil, la
violence, l'injustice, et développer la modestie, la douceur, la droiture : tel est le
programme en dehors duquel elle ne saurait exister. En elle, du reste, sont résu-
mées les vertus les plus éminentes de la
religion. Elle demande qu'on s'oublie, qu'on
ne parle jamais de soi : n'est-ce pas là l'hu-
milité? Elle exige qu'on s'occupe constamment des autres, qu'on les prévienne en
tout : n'est-ce pas là la charité? Enfin, elle
impose des sacrifices souvent pénibles, pour
en éviter à autrui : n'est-ce pas là l'esprit
de mortification et de pénitence?

On comprend dès lors qu'une telle politesse soit indispensable à tous les chrétiens,
aux humbles comme aux grands, puisqu'elle
nous force à réprimer nos défauts, et qu'elle
place entre les hommes une sorte de bar-
rière qui les empêche de se nuire, facilite

leurs rapports et les rend agréables, sous le regard de Dieu.

Cependant la vertu ne préside malheureusement pas toujours aux rapports sociaux, et la politesse du cœur se trouve bien souvent absente, même chez les gens les plus corrects dans leurs formes. Sous prétexte de civilité, est-il donc permis de se rendre hypocrite? La Bruyère nous répond : « Si la politesse n'inspire pas toujours la bonté, l'équité, la complaisance, la gratitude, elle en donne du moins les apparences, et fait paraître l'homme au dehors comme il devrait être intérieurement. »

La politesse des manières ne serait-elle qu'un masque, il y aurait encore sagesse et profit à s'en couvrir. Elle consiste dans l'observation de certaines règles extérieures, établies pour rendre plus aisées les relations des hommes entre eux. C'est, à proprement parler, ce qu'on appelle le savoir-vivre.

Pour être poli de cette façon, il ne suffit plus de posséder des qualités morales. Il est nécessaire de connaître le ton qu'il convient d'adopter dans nos rapports avec nos semblables ; de savoir se présenter dans une société, parler et se taire à propos ; d'être au courant des coutumes sur lesquelles se fondent les traditions de la bonne compagnie.

On naît poète, mais on ne naît pas poli ; et bien que le bon ton ne soit autre chose que le bon goût mis en pratique, il ne se devine ni ne s'improvise. C'est une étude à faire, un art à acquérir, que de connaître les usages du monde bien élevé, et de savoir s'y plier avec bonne grâce. Ces manières honnêtes, douces et affables ; cette bienséance dans la tenue, le geste, la physionomie ; cet ensemble de discrétion, de tact, d'amabilité, de complaisance, qui met tant de charmes dans le commerce de la vie, il faut toute une éducation pour se l'approprier.

Ne nous y trompons pas, cependant. On a beau posséder les belles manières, on ne plaît qu'autant que ces manières sont accompagnées de la politesse du cœur. Et à ce propos, il serait curieux de rechercher si nous ne touchons pas ici, sans nous en douter, à l'origine de ces sentiments mystérieux qu'on nomme sympathie et antipathie. Pourquoi y a-t-il des personnes qui nous plaisent au premier abord, tandis que d'autres ne nous inspirent que de la répulsion, quelque polies qu'elles soient d'ailleurs? La présence ou l'absence de la politesse du cœur pourrait peut-être nous expliquer le secret de cette différence. Quoi qu'il en soit, rien n'est aisé comme de distinguer la vraie politesse de son masque. Chez l'homme vraiment poli, elle a tout le charme de la simplicité, de la bienveillance, du bon goût. Les hommes qui n'ont que les formes extérieures, finissent toujours par se trahir eux-mêmes, en soulevant par quelque endroit le voile dont ils cherchent à couvrir leurs vices. En tout cas, il est prudent de joindre le fond à la forme quand il s'agit de politesse, et l'homme honnête fera sagement de veiller à être en même temps un honnête homme.

Est-il nécessaire de faire remarquer combien la politesse est importante, surtout pour un jeune homme qui est destiné à vivre de la vie du monde?

Sans doute, trop de civilité finit par devenir une incivilité fatigante; mais à l'époque où nous sommes, la grossièreté des formes est un défaut impardonnable, tandis que la politesse constitue, à elle seule, toute une recommandation, et tient parfois lieu de bien des talents : « Les manières, que l'on néglige comme de petites choses, dit encore la Bruyère, sont souvent ce qui fait que les hommes décident de nous en bien ou en mal. » Et puis, n'oublions pas ce qu'a dit un autre penseur : « S'affranchir des lois de la civilité, c'est chercher à mettre ses défauts à l'aise ! »

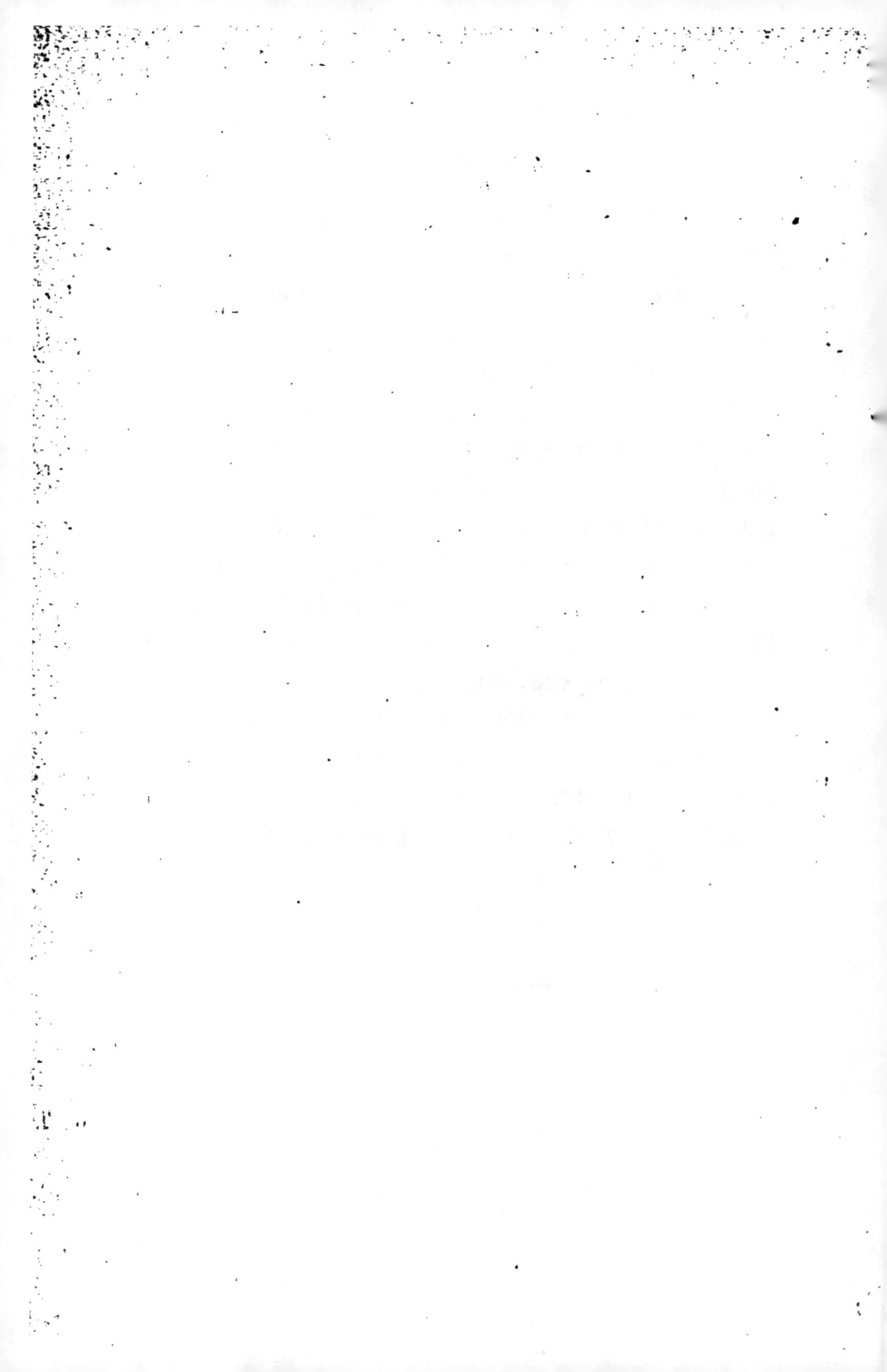

II

L'homme bien élevé.

L'homme bien élevé sait que le soin de soi-même est au corps ce que l'amabilité est à l'âme. Et comme il sait aussi que le but de la politesse est, avant tout, de plaire à ses semblables, il évite tout ce qui pourrait choquer leurs regards, soit dans sa personne, soit dans ses vêtements, soit dans son maintien.

Dans sa personne, il est toujours d'une exquise propreté. Il prend régulièrement de grands bains, plus souvent des bains de pieds; grâce à sa toilette de chaque jour, il a des mains soignées, des ongles ni trop longs ni trop courts, des oreilles, une bouche et des dents particulièrement bien tenues. Ses cheveux et sa barbe, s'il la porte, sont aussi d'un entretien irréprochable. S'il ne porte pas la barbe, il se rase tous les deux ou trois jours, au moins. Toutefois il n'a pas recours à certaines recherches, telles que l'usage des parfums : l'homme qui se parfume fait douter de l'élévation de son esprit, non moins que de la virilité de son caractère.

Une opération délicate, c'est de savoir se moucher, tousser, cracher, éternuer en compagnie. Quand il est obligé de satisfaire à ces tristes nécessités de la nature, l'homme qui sait vivre fait en sorte de n'être pour personne un sujet de gêne ou de dégoût. Il salue silencieusement la personne à qui il arrive d'éternuer en sa présence. Dans le bon vieux temps, on disait : *Dieu vous bénisse!* en souvenir, dit-on, d'une épidémie qui ravagea autrefois l'Europe, et qui avait pour premier symptôme l'éternuement. Mais que dire de ceux qui toussent ou éternuent bruyamment, bâillent à bouche déployée, crachent à terre, ne sauraient se moucher sans imiter la trompette, et regarder ensuite dans leurs mouchoirs ? Pour achever le tableau, il ne leur manquerait vraiment plus que de se porter les doigts au nez, de se ronger les ongles, de se gratter la tête, de s'étirer les cheveux ou de se friser la moustache, en guise de passe-temps !

Autant que la civilité, le sentiment de la dignité et le respect de soi-même préservent l'homme bien élevé de toute mauvaise habitude et de toute négligence, non seulement dans sa personne, mais encore dans ses vêtements.

Il s'habille d'une manière conforme à son rang et à sa fortune. En fait de mode, il s'en rapporte au vieux proverbe : « Ne soyez jamais le premier à la suivre, ni le dernier à la quitter. » Il se garde bien d'imiter les sots en portant un costume qui soit remarqué, ou en paraissant attacher de l'importance à la coupe d'un habit. Il n'ignore pas qu'un peu de sévérité dans la tenue sied merveilleusement à l'homme ; mais s'il évite la coquetterie qui le rendrait ridicule, il ne se défie pas moins de tout désordre dans ses vêtements. Un chapeau usé, des souliers malpropres, un habit taché, du linge douteux sont autant de choses qui préviennent mal en faveur de celui qui les porte. Une opinion s'est faite, dans le monde, que la malpropreté est le signe presque certain de la bassesse des goûts, sinon du défaut de conduite. Les honnêtes gens la bannissent sévèrement de leur commerce, parce que ni les occupations, ni la pauvreté même ne la sauraient excuser. Aussi, l'homme qui se respecte, a-t-il soin de laisser aux vieillards et aux infirmes le besoin d'aisance qui consiste à rester, même chez soi, en habits négligés. Évitant tout excès, il s'en tient à l'avis de Cicéron : « Dans l'habillement comme en toutes choses, un sage milieu est ce qu'il y a de plus convenable. »

Que dire du maintien de l'homme bien élevé ?

Le maintien consiste dans les diverses attitudes que prend le corps humain. Debout, l'homme de bon ton tient son corps droit, mais sans raideur ni rien de ce qui rappelle un soldat sous les armes. Assis, il prend de suite une position à la fois modeste et aisée, évitant de se remuer sur son siège, de se jeter à la renverse, de s'accouder, de se croiser les pieds et surtout les jambes. Sa démarche est pleine d'une aisance qui exclut toute affectation. L'affectation, dans la pose du corps, annonce toujours quelque défaut moral : la raideur dévoile un caractère hautain; le laisser aller est un signe de nonchalance et de paresse.

Les manières gaies, vives et même un peu résolues, vont bien aux jeunes gens, mais à une condition expresse : c'est qu'ils se gardent des airs fanfarons et effrontés. L'homme grave doit conserver dans tout son extérieur cette mesure, cette noblesse, cette courtoisie qui charme et qui prévient tous les cœurs bien nés. Autant un air renfrogné inspire de l'éloignement, autant un extérieur agréable attire la bienveillance et la sympathie.

Un ancien auteur assure que, pour posséder le bon ton, c'est-à-dire pour être un homme vraiment bien élevé, il faut joindre aux agréments de la tenue et du maintien certaines dispositions heureuses du corps, une expression gracieuse du visage, une éloquence du regard, et dans toutes ses actions comme dans toute sa personne, une aisance et une grâce qui fassent de ce privilégié de la nature un ensemble accompli.

Enfin, la société de l'homme bien élevé n'est pas seulement agréable et pleine de charmes; elle est, de plus, salutaire à ceux qui ont l'avantage d'en jouir. Autant la mauvaise compagnie peut être funeste, autant est heureuse l'influence qu'exerce la société des gens de bien. Le bien est comparable à l'aimant, qui donne ses propriétés à certains métaux pour peu qu'il les touche. C'est encore ainsi que les fleurs communiquent leur parfum aux objets qu'elles entourent, et qu'une seule feuille de rose suffit pour embaumer tout un appartement.

III

A l'église.

Il ne s'agit point ici de l'attitude que nous devons avoir dans les églises, en tant que chrétiens. Si, pour paraître dans les salons d'un grand de la terre, nous avons soin de nous entourer de tout l'appareil du respect, que ne devons-nous pas faire quand nous nous trouvons dans la maison même de Dieu !

Mais en dehors de la religion, il y a des règles de politesse qui concernent les églises, et dont un homme de bonne éducation ne saurait s'affranchir.

L'église est un lieu consacré, et réservé

spécialement à l'exercice du culte catholique. C'est là que, d'après la foi chrétienne, Jésus-Christ réside sur les autels pour recevoir les hommages, les supplications, et accorder ses faveurs de choix : la seule pensée de cette présence divine ne devrait-elle pas suffire pour inspirer les sentiments de vénération mêlés de crainte, qui conviennent dans le saint lieu ?

Le premier signe de respect que l'on doit donner dans une église, c'est de ne jamais s'y présenter avec une tenue négligée ou excentrique. Découvrez-vous avant même d'avoir pénétré dans l'édifice sacré. Prenez ensuite de l'eau bénite ; et, si vous êtes avec une personne au-dessus de vous, vous lui en offrez avant de faire le signe de la croix, ayant eu soin d'ôter préalablement vos gants. Ainsi que dans les rapports matériels que l'on a avec les princes, l'étiquette exige que l'on ait les mains nues dans un grand nombre de cérémonies religieuses.

Ne fût-ce que par simple égard pour les fidèles, on doit, lorsqu'on se trouve à l'église, se tenir avec décence, s'asseoir et se lever quand il convient, éviter de parler, de se remuer sans cesse, de tourner le dos à l'autel, de regarder à droite et à gauche. Dévisager les personnes est surtout inconvenant dans une église. Il serait également contraire aux convenances de se montrer indifférent aux cérémonies du culte, et de dormir ou de ne pas prêter une attention convenable pendant le sermon.

A l'église comme ailleurs, la vraie politesse consiste à se sacrifier, au besoin. Il est donc d'un homme bien élevé d'offrir sa chaise à une dame ou à un vieillard qui seraient debout. On est loin d'en agir de la sorte, surtout dans certaines circonstances. Aux sermons d'un prédicateur célèbre, par exemple, on serait bien plutôt disposé à enlever le siège du voisin qu'à lui céder le sien propre : n'imitons pas ces exemples de mauvais ton. Toutefois, si nous avons payé la place que nous occupons, nous pouvons la conserver sans manquer aux bienséances, alors même que des

1*

personnes recommandables ne seraient pas assises, près de nous.

Lors de la distribution du pain bénit, nous devons attendre qu'on nous le présente, en prendre avec réserve, et ne pas le manger sans avoir fait le signe de la croix. Outre qu'il a été sanctifié par l'Église, ce pain est l'image de l'Eucharistie et le symbole de l'union des fidèles entre eux et avec Jésus-Christ, notre Sauveur.

Donnons aux quêtes suivant que notre position de fortune le permet, ayant soin d'accompagner notre offrande d'une légère inclination de tête. C'est à ces détails que se reconnaît la bonne éducation.

Quand vous entrez dans un temple, non pour y prier, mais pour y visiter les objets d'art, vous devez choisir un moment où l'on n'y célèbre pas d'office. Même alors, il convient de s'agenouiller quelques instants, de parler bas, de marcher posément, de ne donner le bras à personne, de conserver un maintien décent et respectueux. Si vous rencontrez dans l'église une personne à laquelle vous deviez des égards particuliers, vous pouvez la saluer en silence, mais sans vous faire remarquer du public.

À la rencontre d'une procession, l'homme qui a du tact ne manque jamais de s'arrêter, de se découvrir et de se tenir en dehors des rangs, de manière à ne troubler ni l'ordre, ni les règles de la bienséance. Lorsque c'est le saint Viatique qui passe, le chrétien ne se contente pas de ces marques de respect; il se met à genoux et s'incline en signe d'adoration. Dans les pays où la foi est conservée, ceux qui rencontrent ainsi le saint Sacrement se mettent à la suite du prêtre et l'accompagnent jusqu'à la demeure du malade; là, ils assistent à la pieuse et triste cérémonie, et prennent part aux prières qui sont faites pour l'agonisant.

On ne doit jamais passer devant une église, devant une croix, devant une madone, sans donner un signe de respect; à plus forte raison, faut-il être plein d'égards pour les personnes consacrées à Dieu et au service de la religion.

Dans l'exercice de son ministère, le prêtre tient la place même de Dieu ; de leur côté, les religieux et les religieuses portent la livrée du Christ, dont ils composent, pour ainsi dire, la maison, comme des serviteurs dévoués et fidèles : à ces divers titres, de quelle vénération ne sont-ils pas dignes, les uns et les autres ! Et cependant, il devient malheureusement de moins en moins rare de voir le clergé et les ordres religieux, non seulement traités sans respect, mais grossièrement insultés, comme leur divin Maître sur le chemin du Golgotha. Souvenez-vous qu'il n'y a que les gens sans esprit, sans éducation et sans courage, qui se permettent de railler la religion et ses ministres. Plus encore qu'impies, ces sortes d'insulteurs se montrent grossiers et lâches.

La civilité veut qu'on donne aux personnes vouées à la religion la dénomination qui convient à chacune d'elles.

A un cardinal on dit : *Éminence ;*

A un archevêque ou à un évêque : *Monseigneur ;*

A un curé : *Monsieur le curé;*

A un vicaire ou à tout autre prêtre : *Monsieur l'abbé;*

A un religieux prêtre : *Mon père;*

A un religieux laïque : *Mon frère;*

A une supérieure : *Madame la supérieure* ou *Ma mère;*

A une simple religieuse : *Ma sœur.*

Un grand exemple de respect pour les choses saintes est celui que donna Louis IX quand il reçut des mains de Baudouin le précieux et magnifique présent de la couronne d'épines. Le saint roi voulut porter lui-même cette relique insigne, la tête découverte et les pieds nus, depuis l'église d'un faubourg de Paris jusqu'à Notre-Dame. Et pour avoir un reliquaire digne des instruments qui avaient servi à la passion du Sauveur et à la rédemption du monde, il fit élever cette merveille d'architecture qu'on admire encore aujourd'hui sous le nom de Sainte-Chapelle.

IV

Dans la famille.

Comme si la politesse n'était faite que pour les relations extérieures, il y a des gens qui, avec la prétention d'être bien élevés, ne s'imposent pas la moindre gêne dans l'intérieur de la famille. Réservant toutes leurs attentions aimables pour les étrangers, ils n'ont que de la mauvaise humeur au milieu des êtres dont le bonheur devrait être leur principal souci. Singulière inconséquence! S'il est vrai que la politesse a pour but de rendre le commerce de la vie plus facile et plus doux, où sera-t-elle plus importante qu'au sein du foyer domestique?

En bonne logique, la famille doit être

une école de politesse, où les enfants s'ins-
truisent des obligations que le monde exi-
gera d'eux plus tard.

Dans l'ancienne société, la distance qui
séparait l'enfant du père avait peut-être
quelque chose d'excessif. Il ne faut jamais
que le respect aille jusqu'à gêner l'affection
et la confiance filiale. Aujourd'hui, avec
notre amour de l'égalité, que nous poussons
bien plus loin que l'amour de la liberté,
c'est l'inconvénient contraire qui est à
craindre. Les distances ne sont plus gar-
dées dans les relations de famille. Le tu-
toiement, par exemple, qui semble avoir
l'avantage de mettre une plus grande intimité entre parents et enfants, est cependant
dangereux en ce qu'il porte trop à la familiarité. Le respect s'arrête là où la familiarité commence.

Il devrait être inutile de rappeler aux
enfants que, pour être bien élevés, ils doivent
entourer leurs parents de vénération et de
reconnaissance affectueuse; et pourtant,
combien peu n'oublient pas les devoirs les

plus élémentaires de la piété filiale! On
voit partout des enfants, grands et petits,
qui ne tiennent nul compte de la présence
de leur père ou de leur mère, et qui pous-
sent l'inconvenance jusqu'à les traiter presque comme des inférieurs, et à parler en
maîtres alors qu'ils ne devraient savoir
qu'écouter et obéir.

Il y a là, dans la famille moderne, un
mal profond dont la société ressent les fu-
nestes contre-coups. Le défaut d'égards de
l'enfant pour son père se communique au
subordonné pour son supérieur; et avec le
respect, cette première politesse des inférieurs, disparaît l'indispensable lien social
qui est l'autorité. Nous avons trop appris à
nos dépens, hélas! que la force elle-même
est impuissante à remédier à un tel dommage.
Sans clef de voûte, nul édifice ne peut rester debout; or l'autorité morale est la clef
de voûte de l'ordre. Ne finirions-nous pas
par mourir de ce mal, si la civilité chrétienne ne venait bientôt rendre à la famille
les qualités de subordination et de respect

pour la hiérarchie qui doivent en faire le modèle de la société?

La nature et la religion s'accordent pour nous dire combien nous devons chérir et vénérer ceux qui nous ont donné le jour et ont pris soin de notre première enfance. Notre histoire nationale nous fournit un exemple extraordinaire de ce que peuvent être les sentiments d'un bon fils à l'égard de ses parents. C'était au commencement du xvie siècle. Un jeune prince, Louis de Bourbon, comte de Montpensier, n'avait pas eu la consolation d'assister aux derniers moments de son père, mort de la peste en Italie. L'occasion s'étant présentée pour lui de visiter une tombe si chère, il voulut qu'on ouvrît le cercueil devant ses yeux, afin de pouvoir vénérer les restes d'un père qu'il avait tant aimé. Mais son cœur en ressentit une si violente émotion, que le pauvre jeune homme expira sur l'heure. Il fut surnommé le *Héros de la tendresse filiale*.

Ce que nous disons des obligations de l'enfant envers son père et sa mère, doit s'entendre aussi de ses devoirs à l'égard des grands-pères et grand'mères, des oncles et tantes, des tuteurs et tutrices, des parrains et marraines. Ces divers membres de la famille ont droit aux mêmes attentions que les père et mère, quoique à des degrés différents.

De même pour les magistrats, et en général pour tout représentant de l'autorité sainte, dans cette grande famille qu'on appelle la société : par cela seul qu'un homme est l'organe et le ministre de la loi, il mérite non seulement notre soumission, mais encore nos respects. On pourrait citer une foule d'autres cas où la bienséance impose des égards spéciaux : ainsi, un soldat doit obéissance et respect à ses chefs, un serviteur à ses maîtres, un employé à ses directeurs, un ouvrier à ceux qui lui donnent du travail, etc. Et que dire des obligations de l'élève envers ceux qui ont la mission de former son esprit et son cœur? C'est plus que du respect qu'il leur doit, c'est de la reconnaissance et de l'amour.

L'empereur Marc-Aurèle portait une telle vénération aux précepteurs qui avaient pris soin de son enfance, qu'il avait fait placer leurs portraits, gravés sur or, dans le plus bel endroit de son palais, et qu'il remerciait chaque jour le ciel de lui avoir donné des maîtres aussi dignes d'être aimés.

Du reste, la politesse envers les supérieurs, qui est une vertu, ne doit nullement être confondue avec l'obséquiosité, qui est un défaut. La dignité propre indique le juste milieu à garder. Elle enseigne pareillement les limites de la familiarité permise entre égaux.

D'égal à égal, la civilité est plus nécessaire qu'on ne pourrait le croire au premier abord. Sans nuire en rien à l'intimité, elle contient la familiarité qui pourrait dégénérer en licence et finirait bien vite par engendrer le mépris. La politesse qui doit régner entre égaux consiste dans un accueil affectueux et cordial, dans des manières pleines de prévenance, dans des paroles et des procédés tout remplis d'aimable délicatesse. Ces ménagements ne seraient-ils pas particulièrement nécessaires entre frères et sœurs? La vie commune expose les enfants à plus d'un danger : à une familiarité excessive, par exemple; ou bien encore, quelquefois, au vilain défaut de la jalousie, ce serpent qui dévore lentement le cœur, répand son venin sur les moindres actes de l'existence et finit par empoisonner les plus charmantes relations.

D'ailleurs, si les frères entre eux doivent éviter tout ce qui peut troubler leur union si douce, il importe qu'un frère ait des manières plus particulièrement délicates pour ses sœurs, parce que la nature les a faites plus faibles et plus sensibles que lui.

L'infériorité de la position sociale est aussi un titre à notre déférence, comme à notre bienveillant intérêt, et les inférieurs doivent en avoir leur part choisie. Du reste, les hommes ne sont-ils pas tous égaux devant Dieu, et chacun n'a-t-il pas droit à nos égards, comme nous avons droit aux égards de chacun?

Le chevalier William Gooëls, gouverneur de la Virginie, ayant été salué par un nègre qui passait près de lui, lui rendit aussitôt son salut, en présence d'un négociant du pays. « Est-ce possible, Excellence, que vous vous abaissiez jusqu'à saluer un esclave? » — « Voudriez-vous donc, répondit le chevalier, qu'un esclave se montrât plus poli que moi? »

Commandez aux domestiques sans hauteur; ne craignez pas de les remercier des services qu'ils vous rendent; et s'il leur arrive de mériter d'être repris, faites-le avec douceur, vous souvenant que la Providence aurait pu vous mettre à leur place. L'homme poli ne s'emporte pas contre ses serviteurs. Tout en les surveillant, il évite de paraître soupçonneux à leur égard. Il les appelle volontiers par leurs noms de baptême, mais il se garde de leur laisser prendre trop de familiarité avec lui. Il n'en fait jamais ses confidents.

On doit se rappeler que les serviteurs font partie de la maison, comme l'indique

le mot *domestique,* et les traiter en consé-
quence. On ne s'en tient pas, avec eux, aux
gages convenus. On donne des étrennes à ses
domestiques pour le jour de l'an. On en donne
aux domestiques des maisons où l'on va fréquemment dîner. Enfin, quand on est chez
quelqu'un, il est d'usage de donner aussi à
la cuisinière, à celui ou à celle qui fait votre
chambre, vous sert à table, et au cocher,
s'il vous a conduit seul, sans son maître.

Le cœur bien né doit encore honorer les
vieillards, les pauvres et en général tous
ceux qui souffrent de quelque façon. Images
de nos aïeux qui ne sont plus, les vieillards sont véritablement nos supérieurs par
l'âge, par l'expérience et par la sagesse.
Une loi spéciale obligeait les jeunes Spartiates à se lever à l'approche d'un vieillard
et à l'écouter avec la plus respectueuse attention quand il parlait. Il paraît que la
jeunesse d'Athènes n'avait pas la même
déférence pour les cheveux blancs. Un vieil
Athénien qui cherchait, un jour, à se placer, dans une réunion publique, fut accueilli

par les rires de ses compatriotes peu pré-
venants. Les habitants de Sparte, au contraire, le reçurent avec respect et lui firent,
au milieu d'eux, une place d'honneur. Alors,
ému jusqu'aux larmes, cet homme s'écria :
« Les Athéniens savent peut-être ce qui est
honnête, mais les Spartiates le font ! »

Quant aux pauvres, ils font excellemment
partie de toute famille qui croit en Jésus-
Christ. Le chrétien voit dans le pauvre un
membre souffrant du Sauveur bien-aimé, et
quand il assiste un indigent, c'est à Dieu
même qu'il rend hommage dans le secret
de son âme. En faisant la charité, sa main
droite ignore toujours ce que fait sa main
gauche, et à l'aumône matérielle il n'oublie
pas de joindre l'aumône du cœur. Rien, en
effet, ne touche et ne console les malheureux comme de se voir traiter avec bonté et
mansuétude ; mais rien, non plus, n'est
odieux et ne prouve un mauvais naturel
comme de mépriser ou tourner en ridicule
les déshérités du bonheur.

V

Dans la rue. — En promenade. — En voyage.

« Je ne sais, disait Henri IV, comment on peut se dispenser de propreté et d'honnêteté, quand il ne faut qu'un verre d'eau pour être propre et qu'un coup de chapeau pour être honnête. »

Encore faut-il savoir donner ce coup de chapeau en temps opportun.

Dans la rue, on salue les personnes que l'on connaît, sans attendre d'être prévenu par elles. Ce salut doit surtout être respectueux avec un supérieur ou une dame, amical avec les égaux, affable avec les inférieurs. Dans ce dernier cas, saluer ou rendre le salut d'un air de protection, est une preuve de fatuité. L'homme bien élevé se montre d'autant plus délicat, qu'il occupe un plus haut rang dans l'échelle sociale.

Alors même qu'ils ne se connaissent pas, les gens comme il faut se saluent quand ils se rencontrent dans les lieux isolés, à la campagne, dans un corridor, le long d'un escalier. Dans cette dernière circonstance, le côté opposé à la rampe doit être cédé aux dames et à toute personne digne d'égards.

N'imitons pas ceux qui croient pouvoir se permettre d'entrer dans un magasin, dans une salle d'attente, dans un wagon de chemin de fer, etc., sans prendre la peine de se découvrir. Nous nous exposerions à blesser les personnes recommandables qui s'y trouvent; en tout cas, nous passerions inévitablement à leurs yeux pour un homme malappris.

Quand on a l'honneur d'accompagner une dame, on ne salue jamais le premier. On attend que cette dame soit saluée d'abord, et l'on rend la politesse en même temps qu'elle. Si la personne avec laquelle on se trouve en salue d'autres, il faut imiter son exemple, eût-on affaire à des inconnus ; et lorsqu'elle s'arrête pour échanger quelques mots avec eux, on doit rester découvert aussi longtemps que dure l'entretien. On garde également son chapeau à la main toutes les fois qu'on s'arrête soi-même pour parler à une dame ou à un supérieur, et ce n'est que sur une invitation pressante et réitérée qu'il est permis de se couvrir.

Il n'est permis de s'inviter à se couvrir, ou de se tendre la main, que d'égal à égal et de supérieur à inférieur.

Il faut éviter avec grand soin, dans les rencontres, de prendre un ton trop familier, surtout avec les femmes. Dans ce cas, la familiarité est bien voisine de l'impoli-tesse.

A moins d'être intime avec la personne que vous rencontrez, abstenez-vous de lui demander d'où elle vient, où elle va ; vous

pourriez payer votre curiosité en lui donnant à penser que, par nature, vous êtes
peu discret.

S'arrêter en chemin pour regarder fixe-
ment quelqu'un sans avoir à lui parler, est
une effronterie.

Lycurgue voulait que les jeunes gens mar-
chassent gravement et en silence dans les
rues, les mains enveloppées dans leur robe,
sans regarder à droite ni à gauche, mais
seulement devant eux. Nous sommes loin,
aujourd'hui, de ce degré de sagesse. Il y a
des gens qui ne s'inquiètent nullement d'autrui, dans la rue. Ils font jaillir la boue
sous leurs pas, éclaboussent les passants,
accrochent leurs parapluies, etc. Mieux avi-
sés, vous ferez attention à ne gêner personne; vous céderez le trottoir à ceux qui
ont droit à votre respect; vous vous em-
presserez de rendre les petits services que
les autres pourront réclamer de vous, sans
oublier de les remercier avec gratitude de
ceux que vous aurez reçus vous-même; et
si, par mégarde, il vous arrivait d'avoir, en

quelque manière, incommodé un passant, vous vous empresseriez aussi de lui en faire vos excuses.

En promenade, la bienséance veut que nous réglions notre pas sur celui des personnes que nous accompagnons. Le milieu appartient toujours au plus digne, qui occupe la droite quand on n'est que deux. S'il y a des dames, vous offrez votre bras à la plus âgée, ayant soin de la débarrasser des objets gênants pour elle. Quant au but de promenade, aux moments de repos, gardez-vous de faire connaître vos préférences. C'est à l'âge ou au rang à se prononcer. Le jeune homme poli se contente de se conformer avec bonne humeur à ce qui a été décidé. Dans les lieux publics surtout, il importe de ne pas élever la voix : attirer l'attention serait désobligeant pour la compagnie.

Lorsque la promenade doit se faire en voiture, la personne la plus vénérable ou la plus qualifiée monte la première et prend la place d'honneur, c'est-à-dire le fond, à droite. La deuxième place est alors à sa gauche, la troisième en face d'elle et la quatrième celle qui reste.

Une voiture étant une sorte de salon roulant, il est poli d'y rester découvert en présence des dames, et il va sans dire qu'on doit y observer toutes les règles du bon ton.

Pour descendre de voiture, c'est l'inférieur qui passe le premier, afin de pouvoir aider le supérieur quand il descendra à son tour.

Dans les promenades à cheval, vous ne montez que lorsque le plus digne de la société est en selle. Vous devez lui tenir l'étrier, au besoin. De même qu'à pied, vous avez soin de lui laisser la droite et de vous tenir légèrement en arrière, réglant votre pas sur le sien. S'il se rencontre, en route, quelque gué, quelque passage difficile à franchir, vous prendrez les devants et passerez le premier, pour peu que vous teniez à montrer que vous savez vivre.

En omnibus ou en chemin de fer, il est contraire à toutes les bienséances de pren-

dre ses aises aux dépens des voisins, de
les incommoder de quelque manière que ce
soit. Saluez avec réserve les personnes de
votre connaissance, et si vous voulez être
parfaitement civil, offrez le coin à la dame
qui est près de vous.

Lorsque vous êtes en voyage, ne faites
pas comme ces gens qui parlent à tort et à
travers, et mettent le public au courant de
toutes leurs affaires. La décence, en même
temps que la prudence, oblige à être réservé devant les étrangers, ce qui n'empêche nullement d'être complaisant avec
tout le monde, en particulier avec les femmes
et les vieillards.

Qui n'a rencontré quelquefois ces voyageurs qui se plaignent de tout : du train
qui est en retard, des chevaux qui ne vont
pas assez vite, de l'hôtel, de la cuisine,
de la chambre, du lit qui sont détestables?
Autant de signes de mauvaise éducation.

Règle générale : en public, dans les rencontres, il importe de veiller particulièrement sur soi et sur son langage. Les façons

cavalières attirent parfois de rudes leçons.
« Bonjour, mon ami, comment te portes-
tu? » disait à un grand seigneur certain
importun, connu pour sa familiarité inconvenante. Le seigneur remit l'impertinent à
sa place en lui répondant : « Bonjour, mon
ami, comment t'appelles-tu? »

Les manières grossières rencontrent bien
aussi quelquefois leur châtiment mérité.
Quelque temps après la révolution de 1793,
un homme qui avait conservé les habitudes
de cette triste époque, se permit une impolitesse assez grave envers le comte de Sé-
gur. « Ah ! Monsieur, lui dit celui-ci, vous
avez tort : depuis la révolution nous sommes
tous égaux, et je suis autant que vous ! »

VI

Visites.

Les visites tiennent une place importante dans les relations du monde et, en les établissant, l'usage n'a fait que répondre à un besoin social. Elles sont de plusieurs sortes ; toutes méritent attention et supposent une connaissance détaillée des règles établies.

Les visites de cérémonie se font, en général, aux supérieurs hiérarchiques ou aux personnes de qui on a reçu quelque service, quelque invitation. Elles doivent toujours être très courtes et ne durer que dix minutes, un quart d'heure au plus.

Les visites que se rendent, entre elles, les personnes du même rang, peuvent être plus longues et moins officielles ; pourtant, on doit les compter ; et, si l'on ne vous rend pas votre visite, abstenez-vous d'en faire de nouvelles : vous pourriez être importun.

Toute visite reçue doit être rendue, excepté toutefois celles qui se font entre amis intimes ou proches parents. Celles-là ne se comptent pas ; elles peuvent avoir lieu en tout temps et n'ont d'autre étiquette qu'une aimable cordialité.

Il y a des visites de circonstance, telles que les visites de jour de l'an, de fête, de mariage, de baptême, de deuil. On les appelle visites de félicitation si elles sont faites à l'occasion d'un événement heureux, et visites de condoléance dans le cas contraire. Le grand art, dans ces sortes de visites, est de savoir rire avec ceux qui rient et pleurer avec ceux qui pleurent, non par hypocrisie, mais par bonté d'âme.

Les visites de condoléance exigent surtout beaucoup de tact. On ne demande pas des nouvelles de sa santé à une personne à laquelle on fait une visite de condoléance. Attendez, pour parler du mort ou du malheur survenu, qu'elle aborde elle - même ce triste sujet. Si elle n'en dit rien, imitez-la, gardez le silence.

Les visites du jour de l'an se font la veille aux supérieurs, le jour même aux parents, dans la huitaine aux cousins et autres alliés, dans la première quinzaine aux amis, et on a le mois entier pour les simples connaissances.

La pratique a bientôt appris au nouveau venu dans le monde quelles sont les visites obligatoires, dont on ne peut se dispenser sans manquer à ses devoirs de civilité. En général, tout inférieur doit une visite à son supérieur à l'époque du renouvellement de l'année. Les visites du jour de l'an sont aussi de rigueur chez les personnes avec lesquelles on désire conserver des relations. On ne peut, sans impolitesse, s'affranchir d'une visite de reconnaissance. On doit visiter ses amis quand ils sont éprouvés, et lorsqu'on se dispose à partir soit pour la campagne, soit pour un long voyage. Celui qui a reçu une invitation à laquelle il ne peut répondre, doit faire une visite avant que la réunion ait eu lieu. Qu'on accepte ou non l'invitation reçue, on est toujours tenu de remercier par une visite celui qui vous a adressé cette invitation.

Si, pour un motif quelconque, vous ne pouvez faire en personne les visites obligatoires, vous y suppléez par un mot ou tout au moins par votre carte.

Pour faire une visite, il faut d'abord avoir soin de choisir l'heure la plus convenable. Ne vous présentez jamais chez quelqu'un dans la matinée, ni après cinq heures du soir. Et si, malgré cette précaution, vous arrivez à l'heure du repas ou au moment où l'on va sortir, retirez-vous aussitôt, quelque instance qu'on fasse pour vous retenir.

Quand deux ou trois personnes font une visite ensemble, c'est la plus âgée ou la plus élevée en dignité qui entre la première, a les honneurs de la conversation et donne le signal du départ.

Faire des cérémonies à la porte pour savoir qui passera le premier, est une attention qui peut, tout au plus, donner lieu au visité de penser que les visiteurs sont peu pressés de le voir. Généralement, les femmes précèdent les hommes ; à parité de sexe, le pas appartient à l'âge ; à parité d'âge, à la qualité ; à droits égaux, au plus rapproché de la porte. Mais dans tous les cas, il serait ridicule de s'attarder sur le palier : le seuil d'une porte est fait pour être franchi et non pour servir de témoin à un assaut de courtoisie puérile.

Sauf pour les visites d'amitié, une tenue irréprochable est de rigueur, et l'on a soin d'essuyer sa chaussure, au besoin, avant de se présenter. On sonne discrètement et l'on se fait annoncer en donnant son nom, précédé du mot Monsieur. Si l'on est reçu, on dépose son pardessus dans le vestibule et l'on ne garde que son chapeau, que l'on

tient à la main. Les gants sont de rigueur, et les quitter pendant une visite
serait une faute grave contre le savoir-
vivre.

En entrant dans le salon, le visiteur fait
d'abord un salut général à toute la société
présente, puis il se dirige droit vers la maîtresse de maison, qu'il salue le plus poliment possible. Après quoi, il salue successivement les personnes qui se trouvent dans
le salon et s'arrête près de celles qu'il connaît plus particulièrement, échangeant quelques mots avec elles. Tout cela demande
beaucoup de présence d'esprit et une grande
aisance. Les débutants doivent se défier de
la précipitation dans leurs mouvements.

Le visiteur accepte le siège qui lui est
offert, mais il ne doit s'asseoir qu'après
que la maîtresse de maison lui en a donné
l'exemple. C'est alors qu'il importe de
mettre en pratique les conseils que nous
avons donnés sur le maintien, et ceux que
nous donnerons bientôt sur la conversation !

La durée d'une visite dépend de l'importance de son objet. Souvenez-vous qu'il vaut mieux exciter les regrets que l'impatience. L'homme avisé a bien vite compris si sa présence agrée ou non; gardez-vous toutefois de sortir au milieu d'une conversation intéressante. Il ne faut pas non plus brusquer sa retraite, mais profiter, pour se retirer, d'un moment de silence ou de l'entrée de quelque nouvel arrivant.

Quand le nombre des personnes réunies est considérable, comme dans une soirée, on fait en sorte de disparaître sans bruit ni dérangement. Si la société est peu nombreuse, on ne peut quitter le salon sans avoir salué les maîtres de la maison et adressé un salut collectif à la compagnie.

Ne souffrez jamais qu'une dame vous accompagne plus loin que la porte de son salon; quand elle a d'autres visites.

Une visite étant un témoignage d'estime et de déférence, celui qui la reçoit doit naturellement ne rien négliger pour en marquer sa reconnaissance et sa satisfaction. Si la visite vous dérange ou vous contrarie, c'est le cas de cacher ces misères sous le voile aimable de la charité. L'homme qui possède le secret du sacrifice n'est pas en peine pour se montrer agréable à autrui, dût-il pour cela mettre le sourire sur ses lèvres, alors qu'il aurait plutôt envie de pleurer.

Il n'est pas permis de faire attendre les personnes qui viennent nous rendre visite. Si l'on est retenu, on charge quelqu'un de la maison d'en faire les honneurs jusqu'à ce qu'on puisse se présenter soi-même et s'excuser convenablement. Un grand personnage se présenta chez un ministre, qui, ne voulant pas se déranger, le fit attendre pendant une heure et lui dit ensuite pour s'excuser : « Je vous avais totalement oublié, monsieur le duc. » — « Dites plutôt que vous vous êtes oublié vous-même, » répliqua l'offensé.

La personne qui reçoit une visite doit se lever aussitôt à l'arrivée du visiteur, aller avec prévenance au-devant de lui, le faire asseoir sur le siège le plus commode, le placer près du feu s'il fait froid, en un mot, user de toutes les attentions possibles afin de lui rendre politesse pour politesse. La visite terminée, elle l'accompagne jusqu'à la porte extérieure, le suit des yeux quelque temps et ne rentre qu'après lui avoir adressé un dernier salut.

————————

VII

Conversation.

Dire de bonnes choses et les bien dire, c'est tout l'art de la conversation. Elle doit être gaie sans légèreté, gracieuse sans afféterie, cordiale avec discrétion et retenue.

Le premier souci de celui qui tient à converser en homme bien élevé, est d'éviter toute parole libre, équivoque, capable de blesser la religion ou la morale. Respectant de même la charité, il se garde de mal parler du prochain et de rapporter légèrement les bruits du monde.

D'accord avec l'Évangile, la politesse prohibe tout ce qui touche, non seulement à la calomnie odieuse et criminelle, mais encore à la médisance, ce grand fléau des conversations. Que de réputations compromises par les racontages de salon, même dans la bonne société ! On ne doit parler des absents qu'avec éloge, ou pour prendre leur défense lorsqu'ils sont attaqués.

Sous prétexte de se rendre intéressants, il y a des causeurs qui ne se font nul scrupule de raconter comme vraies des anecdotes qui n'ont jamais existé que dans leur imagination. Parler contrairement à la vérité, sous quelque forme et dans quelque intention que ce soit, est toujours indigne d'un caractère loyal, comme d'une conscience délicate.

Non moins que le mensonge, doit être évitée la flatterie qui en découle par ses exagérations, et ne sert qu'à corrompre les hommes en leur inspirant soit du relâchement, soit de l'orgueil. Il ne faudrait pourtant pas confondre la flatterie, qui est toujours funeste, avec les compliments qui, donnés à propos et dans une juste mesure, peuvent devenir un encouragement pour le talent ou la vertu. On cite à ce sujet la lettre par laquelle M. de Montausier félicita son royal élève de la prise de Philippsbourg, place qui avait été considérée jusque-là comme imprenable. « Je ne vous fais point compliment, Monseigneur, sur la prise de Philippsbourg; vous aviez une bonne armée, des bombes, du canon et Vauban; Je ne vous en fais point aussi sur ce que vous êtes brave : c'est une vertu héréditaire dans votre maison; mais je me réjouis avec vous de ce que vous êtes libéral, généreux, humain et faisant valoir les services de ceux qui font bien : voilà sur quoi je vous fais mon compliment. »

La présomption qui blesse par son ton hautain, la susceptibilité qui s'offense à propos de rien, l'esprit de contradiction qui provoque les disputes, la défiance avec ses ombrages, la curiosité avec ses indiscrétions, sont autant de défauts qui nuisent tous plus ou moins à la conversation et en gâtent le charme.

2*

Qui pourrait, d'autre part, énumérer les ridicules, les travers d'esprit qui se manifestent dans une conversation? L'un a la manie des récits qui n'en finissent plus, l'autre ne peut pas dire deux mots sans faire un calembour ou une pointe; chez celui-ci, la pédanterie qui fait parade d'érudition; chez celui-là, la maladie de parler constamment de son idée fixe. Et les bruyants qui parlent et rient à vous rompre les oreilles! et les bouffons dont l'unique talent est de tourner tout en plaisanterie!

Il existe toutefois un genre de plaisanterie délicate, ingénieuse, remplie du *sel attique* dont les Athéniens étaient si friands, qui lance des traits piquants mais inoffensifs et qui réjouit tout le monde sans jamais blesser personne. La plaisanterie de cette sorte est loin de se trouver déplacée dans la conversation des gens bien élevés. Mais n'oublions pas qu'une foule d'esprits étroits sont toujours prêts à croire qu'on veut se moquer d'eux. Il est prudent de faire porter la plaisanterie sur les choses plutôt que

sur les personnes, et de ne plaisanter qu'avec
des gens capables de comprendre, de deviner nos intentions innocentes. Surtout, que
la plaisanterie ne dégénère jamais en mo-
querie. Le moqueur est partout craint et
détesté. Ce vice choquant dénote, du reste,
un défaut d'esprit non moins qu'un manque
de cœur.

Quant à l'ironie, elle peut quelquefois
être employée avec à-propos pour corriger
certains ridicules, certaines prétentions.
Dans un acte passé par-devant notaire, un
gentilhomme aussi peu titré que peu modeste se donna tout simplement la qualité
de très haut et très puissant seigneur, tandis que le duc de Ventadour, avec qui il
traitait, n'en prit aucune. Étonnement du
notaire, qui questionne le duc du regard.
« Quels titres voulez-vous que je puisse
prendre, fit M. de Ventadour; Monsieur que
voilà ne les a-t-il pas tous pris ? »

Nous n'avons pas encore mentionné le défaut le plus désagréable en conversation,
comme partout d'ailleurs : l'égoïsme. Parler

de soi et de ce qui peut tourner à sa propre louange, abaisser les autres à son profit, demander qu'ils approuvent ce qu'on vient de dire, ou bien encore être le premier à s'applaudir soi-même, c'est montrer qu'on cherche plus à satisfaire sa vanité, qu'à se conformer aux lois de bienséance qui doivent présider à la conversation.

Ne faites pas comme ces gens qui ont toujours sur les lèvres quelqu'une de ces formules : *Je vous jure, — ma parole d'honneur, — sans me vanter,* etc., vous risqueriez de vous faire prendre pour un sot.

Il n'y a que les fats ou les niais qui se regardent dans une glace en parlant.

N'interrompez jamais une personne qui parle, mais écoutez-la avec intérêt. Ne devancez pas la fin d'une anecdote, au moment où elle se raconte, par la promptitude à en deviner le dénouement. Si le narrateur s'énonce avec difficulté, ne lui suggérez point les mots, autrement vous feriez penser que vous vous croyez plus spirituel que lui ; or, croire qu'on a beaucoup d'esprit est

souvent une preuve qu'on n'en a guère ; et,
pour être agréable, l'esprit lui-même à besoin d'être accompagné de modestie.

Lorsque vous arrivez dans une réunion,
ne demandez pas ce qu'on vient de dire,
mais attendez qu'on vous mette au courant
de la conversation, si on le juge à propos.

Il est défendu de faire des apartés, c'est-
à-dire de parler en secret à une personne
quand on se trouve en compagnie de plusieurs autres. Si l'on a un mot pressé à
communiquer à quelqu'un, on demande à
se retirer à l'écart et l'on s'explique le plus
vite possible.

En présence d'une personne distinguée,
les entretiens particuliers sont contraires à
la bienséance. Le savoir-vivre veut qu'en
parlant, on se tienne ordinairement tourné
du côté de cette personne ; et si l'on s'a-
dresse directement à elle, on doit éviter
avec soin les tournures qui sentent le com-
mandement ou qui seraient trop familières.

Aux mots *monsieur, madame,* il n'est

pàs poli d'ajouter le nom propre, quand on adresse la parole à quelqu'un ; seul, un supérieur peut se permettre, en signe d'intérêt, de faire une exception à cette règle. Il n'est pas permis de dire *monsieur* tout court en parlant à une dame de son mari. De même pour le mot *madame* lorsqu'on parle au mari de sa femme. Il est plus délicat de dire : *Monsieur votre père, madame votre mère,* etc., que de se servir du nom propre, quand on s'adresse aux parents de ces personnes. Les gens qui ont un titre vous sauront gré de le leur donner de temps en temps, dans la conversation. Dire *il, lui, elle,* en parlant d'une tierce personne, n'est pas respectueux. *C'est faux, c'est absurde, vous en imposez,* sont des expressions indignes d'un homme honnête.

Il est de bon goût d'adresser la parole aux dames sur un ton plus adouci qu'aux hommes, et il ne faut pas raconter, en leur présence, certains traits dont la crudité ou la cruauté pourrait les affecter d'une manière pénible. Ne vous servez pas, avec elles, des mots *avantage, plaisir :* le mot *honneur* est le seul qui convienne avec les personnes qui ont droit à notre respect. Quant au mot *amour* et ses dérivés, vous ferez bien de les laisser aux chanteurs de romances.

Il faut dire *mari, femme,* et non *époux, épouse;* autrement vous ressembleriez à ce brave campagnard qui se disait ravi d'avoir vu « l'empereur, son épouse et leur petit bonhomme ! »

En dehors du vocabulaire de la langue verte, dont semblent s'inspirer certains littérateurs du jour, il existe parmi le peuple une foule d'expressions triviales, qui ne sauraient trouver place dans une conversation choisie. On pourrait en faire un volume. En voici quelques exemples : *Embêter,* pour ennuyer; — *blaguer, craquer,* pour mentir; — *éduquer,* pour élever; — *mortifier,* pour fâcher; — *bougonner,* pour gronder; — *bâfrer,* pour manger gloutonnement; — *bonne trotte,* pour longue course; — *beau ratelier,* pour belles dents; — *crachat,* pour décoration, etc. Telles sont encore les locutions suivantes : *Ce fauteuil vous tend les bras ; — Venez-vous manger ma soupe ? — Les jambes me rentrent dans le corps ; — Je vais me jeter dans les bras de Morphée,* etc. etc.

La pureté du langage doit être, autant que possible, accompagnée d'une bonne prononciation, avec une intonation de voix qui ne soit ni trop haute, ni trop basse. Le ton haut est familier à l'outrecuidance ; le ton bas, à la timidité. Le ton brusque n'indique pas beaucoup de patience, ni de douceur dans le caractère. Le ton traînant, inarticulé, exprime la mollesse toujours, la fatuité quelquefois. Les esprits étroits et pédants affectionnent beaucoup le ton sentencieux.

Certains hommes ont des tics peu en harmonie avec les bonnes manières. Dès qu'ils parlent, leurs yeux se ferment, leurs lèvres tremblent, leur face se contracte ; tantôt ils ouvrent la bouche pour exprimer leur surprise, tantôt ils rient aux éclats.

D'autres ne peuvent vous adresser la parole
sans vous secouer les genoux, vous tirer
par la manche, arranger votre cravate,
épousseter votre habit, arracher vos bou-
tons : heureux quand ils se contentent de
iouer avec leurs breloques, de se lever et
s'asseoir sans cesse, et d'imiter nos anciens
télégraphes avec leurs bras !

L'absence des gestes peut donner l'air
d'un automate ; mais mieux vaut n'en pas
faire du tout, que de dépasser la mesure.

Enfin, n'oublions pas que, dans la conversation, nous devons toujours tendre à
faire plaisir à notre interlocuteur, et qu'en
l'écoutant, nous lui sommes généralement
plus agréables qu'en parlant nous-mêmes.
Les jeunes gens surtout doivent se rappeler
que le philosophe Pythagore exigeait de
ses disciples qu'ils l'écoutassent pendant
trois ans sans rien dire. « Nous avons, dit
Zénon, deux oreilles et une seule langue,
pour nous apprendre à écouter beaucoup et
à parler peu. »

Nous ne saurions mieux clore le chapitre

important de la *Conversation*, qu'en citant le gracieux portrait du discoureur aimable, tracé de main de maître par le poète Delille.

Cher même aux rivaux qu'il efface,
Le discoureur aimable est le mortel charmant
Qui, sans paresse et sans empressement,
Répond avec justesse, interroge avec grâce,
Nourrit l'attention et jamais ne la lasse;
Parle, s'arrête et reprend à propos;
De sel sans âcreté, de gaieté sans grimace
Assaisonne ses moindres mots;
D'inutiles détails ne charge point sa phrase;
Et simple avec noblesse, et noble sans emphase,
A l'estime du sage et le respect des sots.
Dans son aimable conférence,
Les égards attentifs, l'honnête déférence,
La caressante aménité,
La délicate urbanité,
Calment d'un vain babil la folle intempérance,
Font grâce à l'importunité,
Apprivoisent l'intolérance
Et désarment la vanité.
Réservé sans froideur, doux sans afféterie,
Il fuit également la morgue du docteur,
Et du savant dissertateur
La prolixe pédanterie,

Et la sèche âpreté de l'argumentateur,
  Par qui l'humeur la plus douce est aigrie,
    Et du fade complimenteur
    L'insipide cajolerie...
L'aimable discoureur jamais ne nous occupe
    De ses talents, de son emploi ;
    Il sait combien l'orgueil est dupe
    Quand il ramène tout à soi...
    S'il blâme, il veut que la censure
  Soit un conseil et non pas une injure ;
    S'il loue, il fuit le ton flatteur ;
    Il sait qu'un mot adulateur
    Démenti par la conscience,
D'une juste pudeur fait rougir notre front,
    Et qu'un éloge est un affront,
    S'il n'est pas une récompense.
Quelquefois il plaisante, et ne raille jamais ;
On passe à l'homme aimable une juste défense,
L'honnête homme chemine entre ce double écueil,
Même en le combattant il ménage l'orgueil.
  Le sage aux sots peut montrer leur image,
Mais ne leur jette point le miroir au visage.

———————

VIII

Lettres. — Billets. — Cartes.

La correspondance n'est autre chose qu'une conversation écrite, qui se tient entre absents. Une lettre doit donc avoir les qualités de la conversation parlée : pureté de langage, clarté et simplicité, propriété des termes, brièveté des phrases. Les recherches et les grands mots sont particulièrement ridicules dans le style épistolaire.

Plus encore que la conversation, une lettre doit être polie dans la forme ; car elle n'a pas, comme la parole, les ressources de la physionomie, du geste, du timbre de la voix, pour souligner et atténuer, au besoin, les expressions dont elle fait usage.

Les lettres d'affaires n'ayant d'autre but que de se faire comprendre du correspondant, doivent se borner à une grande précision, de manière à ce qu'il ne soit pas obligé de demander des explications nouvelles.

Dans les lettres d'amitié, c'est le cœur qui doit tenir la plume. Elles ont le champ de la fantaisie tout grand ouvert devant elles; néanmoins, cette liberté charmante ne doit pas aller jusqu'à la négligence, ni dans le style, ni même dans l'écriture : l'amitié ne dispense pas de la délicatesse.

Les plus difficiles sont les lettres de politesse, c'est-à-dire de remerciement ou d'excuses, de félicitation ou de condoléance. Ayant pour but de remplacer les visites indispensables qu'on ne peut faire, ces lettres doivent être soignées, mais courtes et se bornant à leur objet.

Les lettres de jour de l'an suivent la

règle que nous avons indiquée pour les visites.

Le choix du papier n'est pas indifférent, dans la correspondance. On manquerait aux convenances en se servant d'un papier autre que le papier à lettre ou en employant une demi-feuille, en dehors des relations commerciales. Le grand format est exigé pour les personnes haut placées; le petit format ne s'emploie qu'avec les intimes et les inférieurs. Sauf le chiffre de celui qui écrit, toute ornementation dans le papier à lettre serait de mauvais goût.

La date se met indifféremment au commencement de la lettre ou à la fin; la mettre à la fin est cependant considéré par plusieurs comme un acte de déférence.

Le vocatif placé en vedette, en tête d'une lettre, s'isole au tiers ou au quart de la page, suivant le degré de respect dû à la personne à laquelle on écrit. Après le mot monsieur ou madame, qu'il faut bien se garder d'écrire en abrégé, pas plus dans le courant de la lettre qu'au commencement, on ajoute en vedette le titre ou la qualité, s'il y a lieu. Il est bien de répéter, dans le corps d'une lettre, l'appellation qui figure en vedette. C'est indispensable après le mot *vous* : *grâce à vous, Monsieur*, etc. Avec les personnes de qualité, il convient d'éviter le mot *vous* autant que possible ; il vaut mieux dire, selon que l'usage l'autorise, *Votre Excellence, Votre Grandeur*, etc. Il y a, du reste, pour chaque classe de la société, des formules spéciales que l'expérience apprend, et qu'il ne serait pas possible d'énumérer dans un petit traité comme celui-ci.

L'homme du monde ne fait pas usage de certaines formules banales, telles que : *J'ai reçu votre honorée, — celle-ci est pour répondre*, etc. Moins encore qu'en conversation, il n'est permis, en écrivant, d'ajouter le nom de famille après *Monsieur, Madame*, ou de dire : *votre père, votre mère*, tout court.

Il est peu délicat de commencer une lettre en parlant de soi, de ses affaires.

Évitez même de débuter par le pronom de la première personne : *Je* vous écris, etc. A un autre point de vue, il est recommandé de ne pas commencer une lettre par le participe présent : *Ayant appris,* etc.

Quand on écrit à un supérieur, les convenances défendent de le charger d'une commission ou de lui adresser une lettre pour un tiers. Deux personnes ne peuvent pas non plus se permettre d'écrire sur la même feuille, à moins d'une grande intimité avec celle qui doit recevoir la lettre commune.

Dans les lettres manuscrites, il n'est permis d'employer la troisième personne (celle à qui l'on parle) qu'en écrivant à un subalterne. La troisième personne (celle qui parle) s'emploie volontiers dans certaines lettres officielles, telles que les suppliques : *Le soussigné a l'honneur,* etc.

Il va sans dire que, dans la correspondance avec les dames, on doit particulièrement se servir des formes respectueuses, sans toutefois tomber dans l'affectation. Il faut une très grande intimité pour qu'un homme puisse écrire : *Chère Madame;* encore doit-il ajouter un mot et dire : *Chère Madame et amie.*

Les formules de terminaison, dans une lettre, varient suivant la position de celui qui écrit et de celui à qui l'on écrit. Un jeune homme ne doit jamais parler de sa *considération,* laquelle ne peut pas encore avoir beaucoup de valeur. Les enfants oublient trop souvent, quand ils terminent une lettre destinée à leurs parents, de parler de leur *soumission,* de leur *affection respectueuse et filiale.* On offre sa *profonde vénération* aux personnes qui unissent l'âge à la respectabilité. On prie les dames, en général, de *vouloir bien agréer ses hommages respectueux.* Aux égaux on donne *l'assurance de son cordial dévouement,* et l'on se contente de saluer les subordonnés avec affabilité.

Voici, du reste, un protocole gradué des principales formules par lesquelles on termine les lettres officielles, en commençant par les plus révérencieuses :

J'ai l honneur d'être
Je suis
{ avec le plus profond
avec un très profond
avec un profond
avec } respect.

Respectueusement.
avec la plus haute
avec une très haute } considération.
avec une haute
avec la considération la plus distinguée.
avec une considération distinguée.
avec une parfaite considération.
avec considération.
avec attachement.

J'ai l'honneur d'être, Monsieur (ou Madame),
    Votre très humble et très obéissant serviteur.

J'ai, Monsieur, l'honneur d'être votre très humble, etc.

Sauf pour les égaux ou les inférieurs, ces formules et d'autres semblables entraînent à leur suite la répétition de la vedette, que l'on a soin de placer dans une ligne isolée toutes les fois qu'on écrit à quelque personnage. On termine alors par sa signature, placée au bas de la page, à droite.

La souscription d'une lettre de politesse

ne doit jamais se trouver seule, au commencement d'une page. Il faut prendre ses mesures de manière à ce qu'elle soit accompagnée de deux ou trois lignes au moins.

Ne vous permettez pas les post-scriptum avec les personnes qui sont au-dessus de vous.

Faites-vous une règle de toujours relire votre lettre avant de la fermer. Vous éviterez ainsi, entre autres inconvénients, d'envoyer des fautes d'orthographe à vos amis et connaissances. Le plus beau style est singulièrement défiguré par ce genre de fautes, et l'on serait tenté d'approuver la comparaison, pourtant bien risquée, du critique fantaisiste qui disait, un jour: « Une lettre avec des fautes d'orthographe, si parfaite qu'elle soit d'ailleurs, ressemblera toujours à une chevelure peignée et pommadée avec soin, mais où se trouveraient des parasites ! »

Aujourd'hui l'usage des enveloppes toutes prêtes est devenu général; mais au lieu de les cacheter avec la colle qui s'y trouve,

vous serez plus poli en employant la cire.
C'est manquer d'usage que de se servir d'une
pièce de monnaie, ou de tout autre objet
semblable, en guise de cachet. Et même, si
la lettre est destinée à une personne grave,
il ne convient pas de la cacheter avec des
devises : des armoiries ou un chiffre sont
seuls admis.

On ne doit pas fermer une lettre de recommandation que l'on remet de la main à
la main à la personne intéressée. Il est
encore plus contraire au savoir-vivre de
cacheter une lettre que l'on confie à quelqu'un à titre de commission, à moins que
ce ne soit à un inférieur ; mais la discrétion
veut que le dépositaire cachette aussitôt la
lettre lui-même, en présence de celui qui
la lui a confiée.

Quant à la manière de mettre poliment
l'adresse d'une lettre, il n'est plus nécessaire aujourd'hui, comme autrefois, de répéter le mot *Monsieur, Madame;* mais il
est indispensable d'y ajouter le titre ou la
qualité de la personne à laquelle on écrit.

Si cette personne habite la même localité
que vous, vous pouvez mettre simplement :
En ville.

Actuellement, il serait très impoli de ne
pas affranchir une lettre, de quelque nature qu'elle soit. Laisser une lettre sans
réponse, ou même faire attendre cette réponse trop longtemps, est aussi une impolitesse plus ou moins grave, suivant le cas.

On comprendra facilement, sans qu'il
soit besoin de l'expliquer, quelles sont les
formules épistolaires qui doivent être mises
de côté quand on écrit à un ami ou à un
inférieur. Avec son domestique, par exemple, on supprime naturellement la vedette
et l'on se contente d'employer le nom de
baptême, accompagné de quelque terme
bienveillant.

Les simples billets ne demandent pas
non plus toutes ces formalités. Au lieu de
la date, on se borne volontiers à marquer
le jour et même l'heure. La vedette et la
souscription disparaissent aussi le plus souvent, et l'on dit, par exemple : *Monsieur*

et Madame..... offrent leurs compliments à M..... et le prient, etc. La formule varie à volonté.

Enfin, les cartes de visite jouent un rôle de plus en plus important dans les relations sociales, et il n'est pas inutile d'en dire un mot à propos de correspondance.

Les cartes les plus simples sont aussi les plus convenables.

On répond par l'envoi de sa carte à toute lettre de faire part imprimée. On peut n'envoyer qu'une seule carte pour plusieurs personnes réunies ; cependant, s'il s'agit de répondre à des cartes reçues par la poste, il est mieux d'en adresser un nombre égal des siennes, que l'on met toutefois dans une même enveloppe.

Lorsqu'on accepte une invitation à dîner, on peut envoyer simplement sa carte, en signe d'adhésion.

On l'adresse aux personnes de connaissance qui viennent d'obtenir quelque faveur, quelque succès, ou d'être frappées d'un malheur, d'une disgrâce. S'il s'agit d'une maladie, vous envoyez prendre des nouvelles du malade par un domestique, qui dépose votre carte chez le concierge. Dès qu'on est guéri, on est tenu d'envoyer aussitôt sa carte à tous ceux qui vous avaient envoyé la leur. Au départ pour la campagne, ou quand on change de résidence, on envoie sa carte aux personnes que l'on connaît, après y avoir écrit à la plume les lettres P. P. C., qui signifient: *pour prendre congé.* Quand on rentre en ville, on adresse également sa carte aux personnes avec lesquelles on veut rester en relation.

Dans la même localité, on n'expédie pas les cartes de visite sous enveloppe; mais on les fait porter par un domestique, ou on les porte soi-même. Dans ce dernier cas, il est d'usage de corner les cartes, c'est-à-dire de les plier à l'un des angles. Une carte pliée par le milieu signifie, en Angleterre, qu'elle est pour tous les membres de la famille. Cette coutume est ingénieuse et mérite de se généraliser.

Vous devez toujours porter en personne

votre carte à celui qui vous a apporté la sienne, ou qui vous a rendu un service dont vous voulez le remercier.

Quand vous faites une visite et que vous n'êtes pas reçu, vous laissez votre carte, après l'avoir cornée. Une carte cornée ne doit jamais être déposée chez une personne au moment où elle se trouve présente. Ce serait lui faire une impertinence.

Du reste, ne nous plaignons pas de ces détails d'étiquette : les cartes de visite ont ce double avantage, de satisfaire à la bienséance et d'épargner le temps. Or, « le temps, c'est de l'argent, » dit un proverbe anglais.

IX

Repas. — Diners de cérémonie.

Que l'on mange chez soi et sans cérémonie, ou que l'on mange chez les autres, on
ne doit jamais se dispenser des usages que
recommande la civilité. On peut affirmer,
d'ailleurs, que l'éducation paraît surtout à
table et qu'il n'est aucune action où la politesse des manières soit plus nécessaire
que dans un repas.

On ne vit pas pour manger, mais on
mange pour vivre ; or la sobriété est le
moyen le plus efficace de conserver les
forces physiques et morales dans un état

satisfaisant. Un médecin de renom, appelé à la cour du roi de Perse, demanda en arrivant quel régime était suivi à la table royale. « On y mange quand on a faim, fut-il répondu, et encore pas toujours de manière à satisfaire complètement l'appétit. » — « Alors, je n'ai rien à faire ici, » dit le médecin. Et il se retira.

Quand vous invitez une personne à dîner, ne lui dites pas que vous la traiterez sans cérémonie, à moins que ce ne soit le seul moyen de la faire accepter. Riches ou pauvres, du moment que vous invitez quelqu'un, vous devez faire de votre mieux pour le bien recevoir. Un homme qui vivait avec la plus sévère économie et dont la table était toujours servie avec frugalité, vit arriver chez lui, à l'heure de son repas, un de ses amis qui venait lui demander à dîner sans façon. « Soyez le bienvenu, lui dit-il; puisque vous êtes venu sans m'avertir, vous dînerez aujourd'hui avec moi; une autre fois, si vous voulez bien me le faire savoir ou arriver de meilleure heure, ce sera moi qui dînerai avec vous. »

Pour un dîner de cérémonie, les invitations se font de vive voix ou par écrit, plusieurs jours à l'avance. Bien que le silence soit considéré comme une acceptation à une invitation écrite, il est plus poli de répondre quelques mots de remerciement ou d'envoyer sa carte, comme nous l'avons dit plus haut. En cas de refus, l'invité doit donner des raisons plausibles de l'impossibilité où il se trouve d'accepter, autrement il manque aux convenances.

A Paris, on ne se rend pas à un dîner prié en redingote, ni même en paletot et en cravate de couleur.

On doit arriver chez ses hôtes quelques minutes avant l'heure fixée pour le repas. Trop tôt serait indiscret, trop tard serait malhonnête.

Pour passer du salon à la salle à manger, le maître de la maison offre son bras à la dame la plus respectable de la réunion. C'est le bras gauche que les hommes doi-

vent offrir aux dames. Cependant les offi-
ciers leur offrent le bras droit à cause de
leur épée qu'ils portent à gauche et qui
gênerait la personne accompagnée. La maîtresse de maison donne elle-même la main
au cavalier qu'elle désire traiter avec distinction. Ce serait tout à fait inconvenant
d'offrir le bras à la maîtresse de maison
dans cette circonstance.

Le maître de la maison passe le premier,
ses convives le suivent et la maîtresse de
maison vient la dernière. Cependant l'usage
de faire ouvrir la marche par la maîtresse
de maison semble prévaloir, du moins en
France.

Un homme donnant le bras à une dame
ne doit pas, en général, s'arrêter pour laisser passer quelqu'un devant lui. Il ne doit
pas non plus faire passer en premier la
dame qu'il accompagne, quand il s'agit de
franchir la porte du salon et de la salle à
manger. Dans toute autre occasion, passer
avant une femme serait une grossièreté.

Si votre place n'est pas marquée par une

carte portant votre nom, vous attendez, un peu à l'écart, qu'elle vous soit indiquée. Alors vous vous tenez debout derrière votre siège, saluant discrètement vos voisins, et vous attendez que toutes les dames soient assises pour vous asseoir vous-même. A moins d'avoir un air gauche et disgracieux, il importe de ne se placer ni trop loin, ni trop près de la table. Tenez votre corps droit, l'avant-bras posé sur le bord de la table, et ne vous appuyez pas sur le dossier de votre chaise. Si l'espace est restreint, veillez à ne pas gêner les personnes qui se trouvent à côté de vous. La serviette se met sur les genoux, non déployée entièrement.

Il est contre l'usage de souffler sur le potage pour le refroidir. On attend qu'il soit possible de le prendre sans se brûler et sans faire du bruit avec les lèvres. On ne doit pas faire du bruit non plus en mâchant ou en buvant.

On mange de la main gauche, en se servant de la droite pour couper. Ce nouvel usage évite un manège peu gracieux de couteau et de fourchette. On ne coupe pas son pain, on le rompt au-dessus de son assiette. La viande ne se découpe pas d'avance en petits morceaux. Il faut éviter de porter son couteau à la bouche, de prendre les os avec les doigts et d'essuyer la sauce qui reste au fond de l'assiette.

Ayez soin de lever votre assiette quand le domestique vous en présente une propre. Cachez votre dégoût s'il vous arrive de trouver quelque chose dans le mets qui vous est servi. Il serait peu délicat de refuser quand la maîtresse de maison insiste pour vous faire accepter d'un plat. Vous commettriez une impertinence en faisant passer à un autre le morceau d'honneur qui vous a été offert. On ne doit accepter les primeurs qu'avec réserve. De même pour les vins fins. Il faut aussi savoir se priver d'un fruit, surtout si l'on ignore la manière de le manger.

On ne mord jamais dans un fruit, mais on le découpe et on le pèle avec un petit couteau à lame d'argent, servi dans ce but. La poire, par exemple, se place sur l'assiette et se fend de la queue à la tête. Chaque moitié se coupe de même et l'on pèle chaque quart avant de le manger. Pour la figue, l'opération est plus délicate. Vous la tenez par la queue et vous la coupez par la tête, de haut en bas, en quatre parties non séparées, que vous détachez à moitié de la peau, avec la pointe du couteau, avant de les porter successivement à votre bouche.

Si vous offrez la moitié d'une poire, présentez le morceau qui a la queue. Un homme n'offre jamais à une dame de *partager* un fruit avec lui; mais il doit accepter si une dame lui fait une offre semblable.

Témoigner du goût ou de la répugnance pour tel ou tel plat, choisir les morceaux, flairer les viandes, tâter les fruits pour s'assurer de leur maturité, manger avec avidité, mordre son pain au lieu de le rompre, cracher les écorces ou les noyaux dans son assiette, parler ou boire la bouche pleine, toucher au plat avec sa fourchette ou son couteau, négliger de s'essuyer les lèvres après avoir bu, s'essuyer les doigts autrement qu'avec sa serviette, mettre ses coudes sur la table, jeter les restes à terre, laisser du vin dans son verre à la fin du repas, continuer de manger quand tout le monde a fini, sont autant d'habitudes qui dénotent un défaut complet de savoir-vivre.

Tout l'esprit du monde ne saurait suppléer à la connaissance des usages établis. On a cité bien souvent l'anecdote de l'abbé Cosson ; quoique surannée, nous la reproduisons ici, parce qu'elle contient des détails utiles à connaître.

L'abbé Cosson, professeur de belles-lettres au collège Mazarin, parlait un jour au poète Delille d'un dîner où il s'était trouvé avec des gens de la cour, des cordons bleus, des maréchaux de France et autres grands personnages. « Je parie, lui dit Delille, que vous y avez fait cent incongruités. — Comment donc? reprit vivement

l'abbé Cosson fort inquiet. Il me semble que
j'ai fait la même chose que tout le monde.
— Quelle présomption ! Je gage que vous
n'avez rien fait comme personne. Mais
voyons, je me bornerai au dîner. Et d'a-
bord, que fîtes-vous de votre serviette en
vous mettant à table ? — De ma serviette ?
je fis comme tout le monde ; je la déployai,
je l'étendis sur moi et l'attachai par un
coin à ma boutonnière. — Eh bien ! mon
cher, vous êtes le seul qui ayez fait cela ;
on n'étale point sa serviette, on la laisse sur
ses genoux. Et comment fîtes-vous pour
manger la soupe ? — Comme tout le monde,
je pense. Je pris ma cuiller d'une main et
ma fourchette de l'autre... — Votre fourchette, bon Dieu ! personne ne prend de
fourchette pour manger sa soupe. Mais
poursuivons. Après votre soupe, que man-
geâtes-vous ? — Un œuf frais. — Et que
fîtes-vous de la coquille ? — Comme tout le
monde, je la laissai au laquais qui me ser-
vait. — Sans la casser ? — Sans la casser.
— Eh bien ! mon cher, on ne mange jamais

un œuf sans briser la coquille. Et après votre œuf? — Je demandai du *bouilli*. — Du *bouilli!* Personne ne se sert de cette expression; on demande du bœuf et point de bouilli. Et après cet aliment? — Je priai l'abbé de Radonvilliers de m'envoyer d'une très belle volaille. — Malheureux! de la volaille! On demande du poulet, du chapon, de la poularde; on ne parle de volaille qu'à la basse-cour... Mais vous ne dites rien de votre manière de demander à boire? — J'ai, comme tout le monde, demandé du champagne, du bordeaux, aux personnes qui en avaient devant elles. — Sachez donc qu'on demande du *vin de Champagne*, du *vin de Bordeaux*. Mais dites-moi quelque chose de la manière dont vous mangeâtes votre pain? — Certainement à la manière de tout le monde; je le coupai proprement avec mon couteau. — Eh! on rompt son pain, on ne le coupe pas... Avançons. Le café, comment le prîtes-vous? — Eh! pour le coup, comme tout le monde. Il était brû-lant, je le versai, par petites parties, de ma tasse dans ma soucoupe. — Eh bien! vous fîtes comme ne fît sûrement personne; tout le monde boit son café dans sa tasse et jamais dans sa soucoupe. Vous voyez donc, mon cher Cosson, que vous n'avez pas dit un mot, pas fait un mouvement qui ne fût contraire à l'étiquette. » L'abbé Cosson resta confondu.

L'homme de bonne compagnie évite non seulement les fautes contre l'usage, mais encore tout ce qui pourrait choquer les autres convives. Il ne se permet jamais d'observation sur le mets qui lui est servi, fût-ce même pour en faire l'éloge. S'il n'est pas à son goût, il en mange peu et laisse le reste, sans rien dire. Il agit de même quand il est servi trop copieusement. Il n'appelle pas les domestiques, mais profite de ce qu'ils passent près de lui pour leur demander ce dont il a besoin. Il se garde, du reste, de remercier ceux qui lui présentent un plat, sachant que ce n'est pas lui, mais leur maître qu'ils servent en cette circonstance. Enfin, il se souvient qu'à table

3*

comme partout, la politesse veut qu'on pense moins à soi qu'à autrui, et tout en se faisant remarquer par sa sobriété, il s'applique à prévoir les moindres besoins des dames ou des vieillards qui se trouvent dans son voisinage.

L'usage si cordial des toasts n'est plus guère maintenu que dans les banquets, les repas de corps, les réunions d'amis ou de famille. Il n'appartient qu'aux maîtres de la maison, sinon de proposer, du moins de permettre le premier toast.

Le repas terminé, on dépose sa serviette sur la table, sans la plier, et l'on offre son bras à la dame la plus rapprochée, pour la reconduire au salon, où le café est habituellement servi. Si vous prenez du café, sucrez-le avec la pincette et ne le versez pas dans la soucoupe avant de le boire. Acceptez une liqueur, surtout quand elle vous est offerte pour porter quelque santé ; mais c'est plus que jamais le cas de se rappeler que « la gourmandise est le défaut des âmes sans étoffe ».

La bienséance défend de sortir immédiatement après le café. L'invité doit la soirée
à ses hôtes et ne peut se retirer poliment
qu'après une heure ou deux. S'il est pressé
par quelque affaire, ses hôtes ont dû en
être prévenus d'avance; autrement, ils ont
lieu de s'en formaliser.

Dans les huit jours qui suivent un dîner
de cérémonie, une visite de remerciement
est obligatoire.

Voilà pour l'invité. Quant au maître de
maison, qu'il se garde de la vanité misé-
rable qui consisterait à faire lui-même
l'éloge de ses mets ou de ses vins. Il n'imi-
tera pas davantage la fausse modestie de
certains provinciaux qui, comme s'ils men-
diaient des compliments, prient leurs invités d'excuser « la mauvaise chère qu'ils leur
font faire ». L'excès en hospitalité, comme
en toutes choses, étant un défaut, il ne
convient pas d'user de grandes instances
pour faire accepter ce qui est servi. Loin
de faire plaisir, trop d'attentions fatigue.
Le maître de maison doit se borner à faire

les honneurs de sa table avec cordialité, à veiller avec un soin discret à ce que rien ne manque à ses hôtes, à faire son possible pour que chacun se trouve à l'aise, enfin à se conformer de son mieux à la règle charmante que voici, et qui résume si heureusement ses devoirs d'amphitryon : Inviter un ami, c'est se charger de son bonheur pendant tout le temps qu'il passe sous notre toit.

Le placement à table se fait naturellement d'après l'âge ou la distinction des hôtes. Les dames sont servies avant les messieurs; cependant les familles chrétiennes font une exception à cette règle en faveur des ministres de la religion, se souvenant que le prêtre est le représentant de Notre-Seigneur Jésus-Christ sur la terre.

X

Soirées. — Concerts. — Jeux.

Que vous acceptiez ou que vous refusiez
l'invitation, vous devez envoyer votre carte
à la maîtresse de maison qui vous a prié
d'assister à une soirée. Si vous avez pris
part à la fête, vous devez une seconde carte
dans la semaine qui suit.

Sauf les toilettes plus voyantes et un certain apparat, le cérémonial d'une soirée est
à peu près le même que celui d'une visite.
Il arrive assez fréquemment que, pour couper la conversation d'une manière agréable,
on fait de la musique, on danse ou l'on

joue. Les jeunes gens qui refusent de se prêter à n'importe quelle réjouissance honnête, dans une soirée, sont des sots ou des impertinents.

Si vous possédez quelque talent et que vous soyez invité à le produire, ne vous faites pas prier; acceptez simplement et modestement, veillant à n'occuper les autres de vous que le moins de temps possible.

Ne cherchez pas à briller, quand vous accompagnez quelqu'un sur le piano. A moins d'en avoir été prié, un homme ne doit jamais se poser derrière une dame qui chante en s'accompagnant elle-même, fût-ce pour tourner les feuillets.

On doit se montrer bienveillant envers toutes les personnes qui se font entendre; mais il est de bon ton de ne les applaudir qu'avec ménagement.

C'est manquer d'usage que de fredonner les airs pendant qu'on les exécute, ou de battre la mesure avec la tête, les mains, les pieds. Il est encore plus malséant de parler à haute voix pendant qu'on joue ou

qu'on chante, de faire des remarques sur
l'œuvre ou sur l'exécutant : rien n'est plus
insupportable pour les voisins, qui sont là
pour écouter et jouir.

Lorsque vous êtes invité à prendre place
à une table de jeu, n'acceptez qu'autant
que vous vous sentez maître de vous-même.
L'égalité de caractère est indispensable au
joueur qui tient à rester poli, et à ne pas
ressembler à Henri IV. S'il faut en croire
son historien, ce bon roi « n'était pas beau
joueur; mais il était âpre au gain, timide
dans les grands coups et de mauvaise humeur dans la perte ». Que dire de ceux qui
montrent une joie inconvenante dans la
bonne fortune, parlent avec envie du bonheur de leurs adversaires, reprennent les
fautes de leurs partenaires avec hauteur?

L'enjeu, qui doit toujours être de peu de
valeur, est fixé par les maîtres de la maison, et ce serait les insulter que de vouloir
le changer.

Bien que le jeu doive être un amusement
et non une spéculation, il ne convient pas

de le négliger, ni de se laisser gagner par complaisance. En cas de coup douteux, il faut le discuter avec douceur, et s'en rapporter au jugement d'une personne grave ou des témoins désintéressés. La politesse veut qu'on ne discute pas les règles du jeu avec une dame.

Il est très grossier de cacher son jeu aux personnes qui font galerie, et l'on ne doit pas causer avec ces personnes pendant qu'on joue. Si l'on est soi-même spectateur, on doit se garder d'avertir des erreurs que l'on peut voir commettre, et encore plus de faire des signes d'impatience ou autres, quand les joueurs jouent autrement qu'on ne le ferait à leur place.

La supercherie, au jeu, est toujours une preuve, non seulement de mauvaise éducation, mais de défaut de loyauté dans le caractère.

Tout joueur qui gagne est tenu de donner la revanche à un joueur malheureux qui la lui demande. L'homme bien élevé ne quitte jamais la table de jeu sur un gain.

Quant aux jeux de société, la facilité qu'un jeune homme y montre et les égards qu'il y apporte, sont d'un augure favorable pour son esprit et son éducation. Refuser d'y prendre part serait s'exposer à passer pour un garçon lourd et sans intelligence. Évidemment, il ne s'agit point ici de ces jeux de mauvais goût qui ont pour but d'attraper celui qui les ignore : de telles plaisanteries ne sont pas admises en bonne société.

Quelque peu agréables que soient les pénitences imposées, on doit s'exécuter de bonne grâce. Il importe de ne pas choisir toujours la même personne pour s'acquitter des pénitences ; on risquerait ainsi de blesser les autres qui sont présentes.

Il n'appartient point aux jeunes gens de choisir ou de varier les jeux de société. Leur rôle est de s'y montrer réservés, délicats, et de se souvenir que, plus est grande la liberté accordée pour ces sortes de récréations, plus on doit craindre de s'écarter des convenances.

C'est à dessein qu'il n'a point été parlé, dans ce chapitre, des jeux de hasard, des paris, etc., où l'on expose des sommes importantes. Défendues par l'honnêteté autant que par la morale, ces folies ruineuses ne sauraient trouver place dans une réunion d'hommes qui se respectent. Qu'on juge de cette funeste passion du jeu par le sombre tableau qu'en fait la Bruyère : « Rien n'est si grave et si sérieux qu'une assemblée de joueurs. Une triste sévérité règne sur leurs visages. Implacables l'un pour l'autre et irréconciliables ennemis tant que la séance dure, ils ne reconnaissent ni liaison, ni distinction. Le hasard seul, aveugle et farouche divinité, préside au cercle et y décide souverainement. En un mot, toutes les passions suspendues cèdent à une seule : c'est celle du jeu. »

De son côté, Mᵐᵉ Deshoulières a fait d'excellentes réflexions morales sur le jeu :

Les plaisirs sont amers d'abord qu'on en abuse.
Il est bon de jouer un peu ;

Mais il faut seulement que le jeu nous amuse.

. . . .

Le désir de gagner qui nuit et jour occupe,
      Est un dangereux aiguillon.
Souvent, quoique l'esprit, quoique le cœur soit bon,
      On commence par être dupe,
      On finit par être fripon.

XI

Baptêmes. — Enterrements. — Deuil.

C'est manquer d'éducation que de refuser à des parents pauvres de tenir leur enfant sur les fonts baptismaux.

Le jour du baptême, le parrain vient chercher la marraine et le nouveau-né pour les conduire à l'église. La cérémonie terminée, il reconduit l'enfant chez sa mère, et la marraine chez elle.

Les cadeaux et autres dépenses qui doivent se faire à l'occasion d'un baptême, varient suivant la position de ceux qui donnent et de ceux qui reçoivent.

Le parrain et la marraine doivent faire un présent collectif à la mère de leur filleul. A une femme riche, on peut offrir un bijou ; à une femme simplement aisée, on donne une pièce d'argenterie ; à celle dont la position est modeste, il convient de donner une robe, un châle, un effet de toilette ; enfin, à la pauvre mère qui est dans la gêne, le mieux est de procurer du sucre, du café, du chocolat, du bon vin, toutes choses qui peuvent lui être grandement utiles dans son état de santé.

Les cadeaux qui doivent être faits à la marraine par le parrain, varient aussi suivant les circonstances et les usages du pays. Ordinairement, le parrain envoie à la marraine une certaine quantité de boîtes de dragées, des gants, un éventail, des rubans et des fleurs artificielles, le tout enfermé dans quelque joli coffret.

Un certain temps après le baptême, le parrain est tenu de faire une visite à la mère du nouveau chrétien ; mais une obligation plus grande pour celui qui a répondu de la jeune âme devant Dieu, c'est de ne jamais oublier qu'il a contracté avec elle des liens sacrés, que le titre de parrain implique le titre de père et qu'au besoin il en impose les devoirs.

La distance ou une affaire très importante peut seule dispenser d'assister à un enterrement pour lequel on a reçu une lettre d'invitation. N'eût-on pas reçu de lettre, on assiste quand même à la cérémonie funèbre quand on a eu des relations d'amitié avec le défunt ou sa famille. Dans ce cas, il est poli de supposer que la douleur et le trouble ont fait omettre votre nom sur la liste des invités.

Si, pour une raison ou pour une autre, il vous est impossible d'assister à un convoi, vous envoyez immédiatement une lettre de condoléance à vos amis affligés, ou votre carte s'il ne s'agit que de simples connaissances.

L'invité, quand il est sur les lieux, doit d'abord aller s'inscrire à la maison mortuaire ; il y revient ensuite, au jour et au moment fixés, vêtu d'habits sombres et en gants noirs, pour accompagner le corps à l'église. A moins que le temps ne soit mauvais, on doit rester découvert en suivant un convoi. Les plus élémentaires convenances prescrivent, d'ailleurs, de se découvrir à la rencontre d'un convoi, quel qu'il soit.

Il est convenable d'accompagner le corps jusqu'au cimetière. C'est indispensable pour les parents et les amis du défunt. Au retour, on fait en sorte d'être aperçu des membres de la famille en deuil, et on leur donne, en signe de sympathie, soit un salut, soit une poignée de main silencieuse.

Faites le plus tôt possible une visite de condoléance à vos amis, dans les jours qui suivent. S'ils ne reçoivent pas, laissez votre carte.

Un fils assiste à l'enterrement de son père, et un père à celui de son fils. De même entre frères et proches parents ; mais les uns et les autres ne peuvent paraître en public qu'en grand deuil.

On porte pendant un an le deuil de son père et de sa mère, pendant six mois celui d'un grand-père et d'une grand'mère, pendant quatre mois celui des frères et sœurs, pendant trois mois celui d'un oncle et d'une tante, et pendant six semaines celui des cousins.

Un héritier doit suivre, à l'égard de son bienfaiteur défunt, la règle marquée pour les grands parents.

Quand on est en grand deuil, il est défendu de porter des gants de peau, de faire ou de recevoir des visites de cérémonie, et à plus forte raison de prendre part à une fête quelconque.

On se sert généralement de papier à lettre, d'enveloppes et de cartes bordés de noir, lorsqu'on est en deuil ; cependant, on peut faire usage de papier blanc, avec cire noire ou même blanche. Toute autre couleur est interdite comme contraire aux convenances et aux usages de la bonne société.

XII

L'homme de mauvais ton.

Nous avons esquissé, en commençant, le portrait de l'homme bien élevé; à titre de repoussoir et pour résumer ce petit traité d'une manière plus saisissante, nous donnons ici la silhouette de l'homme de mauvais ton. La vue des défauts frappe et instruit souvent plus que l'énumération des qualités : n'imagina-t-on pas d'exposer, sur la place publique et le long des rues, des Ilotes ivres, pour exciter les Spartiates à la tempérance ?

Aux yeux de certaines gens, il suffit d'avoir de la naissance et de la fortune pour appartenir à ce qu'on appelle *la bonne compagnie*. C'est une erreur. De même qu'il se rencontre de simples ouvriers, des habitants de la campagne, qui, par leur urbanité et leur délicatesse, méritent toute considération, de même un individu né dans la classe privilégiée peut très bien, par son défaut de conduite et de bonnes manières, n'être qu'un homme de fort mauvais ton.

L'homme de mauvais ton se reconnaît tout d'abord à deux traits significatifs : la fatuité, qui vient du contentement de soi-même, et l'insolence qui résulte du mépris pour autrui. Exclusivement préoccupé de sa personne et de ses plaisirs, il ne saurait avoir la moindre prévenance, même pour ceux qui ont le plus de droit à ses égards. Ne lui parlez pas des malheureux ; il a bien assez de ses infortunes, et il lui faut toutes ses larmes pour pleurer sa propre douleur. C'est le parfait égoïste.

Sa tenue est un mélange de désordre et

de mauvais goût. Volontiers, il sert de mannequin à son tailleur en exhibant, le premier, les modes nouvelles qu'il s'agit de faire réussir. Il aime à orner sa boutonnière d'une fleur voyante, ou à laisser dépasser, de la poche de son paletot, le bout d'un foulard rouge : cela lui donne de la ressemblance avec les membres de la Légion d'honneur. Son passage est signalé par une forte odeur de parfumerie, mêlée à une forte odeur de tabac. Il pose pour culotter les pipes, et il a un talent pour cracher loin.

Quand il paraît dans la rue, le chapeau sur le côté, le monocle à l'œil, le cigare aux dents, et faisant moulinet avec sa canne, vous diriez qu'il a droit à plus de place que les autres passants. Il les coudoie ou les éclabousse sans façon, tout occupé qu'il est de dévisager avec effronterie les personnes qu'il rencontre. Gardez-vous de vous croiser avec lui sur un trottoir : fussiez-vous un vieillard, une femme, plutôt que de se déranger, il vous forcera à prendre le bas du pavé et au besoin à marcher dans le ruisseau.

S'il monte dans une voiture publique, il commence par s'installer largement, baisse ou relève les glaces selon ses aises, passe le coude par les vasistas, pose ses pieds sur les coussins d'en face et fume cyniquement au nez des voyageurs, sans même avoir l'air de soupçonner que tout le monde n'a pas ses goûts.

En visite, il oublie de nettoyer sa chaussure avant d'entrer, sonne à tout rompre, dépose son chapeau sur les meubles, tutoie les domestiques et les enfants de la maison, parle haut, coupe la parole aux autres, donne des démentis à tort et à travers, et ne raconte que des histoires dont il a été le héros.

Mais c'est à table qu'il faut voir l'homme de mauvais ton. Grand amateur de bonne chère, son regard dévore les plats à mesure qu'ils paraissent. S'il mange bien, il boit mieux encore, et il n'est pas rare qu'on s'en aperçoive à la fin du repas. Sitôt le café pris et toutes les liqueurs dégustées les unes après les autres, il passe au fumoir; car l'estaminet a infiniment plus d'attrait pour lui que le salon. La bonne compagnie le gêne, et il n'a que faire des charmes délicats qu'offre le commerce des personnes distinguées. Pour que la conversation l'intéresse, il lui faut des sujets graveleux. Toute sa littérature consiste en romans naturalistes ou en mauvaises revues. En fait d'art, il adore la caricature. Plus elle est grossière, plus elle fait son bonheur. Aux théâtres de bas étage qu'il fréquente, il applaudit surtout aux équivoques et aux déclamations politiques contre « l'ordre moral ». Enfin, s'il a de la fortune, il joue gros jeu à la Bourse et se fait remarquer aux courses par l'insanité de ses paris.

Sans respect pour lui-même et sans égards pour ses semblables, bravant la société dans ses susceptibilités les plus légitimes, se plaçant, dans sa propre estime, au-dessus du genre humain tout entier, l'homme de mauvais ton est insupportable à tout le monde, spécialement aux gens bien élevés; et si, par malheur, il trouve à s'établir malgré tout, il faut plaindre beaucoup la pauvre créature qui sera condamnée à unir son sort à celui d'un tel personnage!

Dernier conseil.

Enfants, qui tournez peut-être déjà vers l'avenir des regards pleins d'impatience et d'illusions, défiez-vous des sourires que vous envoie de loin le monde ! Vu de près, c'est un maître exigeant qui donne bien moins de jouissances qu'il n'impose de sacrifices. Vous en ferez l'expérience à votre tour. En attendant, préparez-vous de bonne heure à vous le rendre favorable par la connaissance et la pratique des obligations auxquelles il vous soumettra un jour. Vous auriez beau faire plus tard, vous ne parviendriez jamais à devenir les hommes parfaitement élevés que le monde réclame, si, dès l'enfance, vous ne vous étiez familiarisés avec les usages établis par lui. On raconte que Marie-Antoinette, ayant involontairement marché sur le pied du bourreau pendant qu'elle franchissait l'escalier fatal, eut l'attention touchante, et sublime en un pareil moment, de lui faire des excuses : « Je vous demande bien pardon, » lui dit-elle avec une douceur qui vous eût fait pleurer. Telle est la force des habitudes polies lorsqu'elles ont été contractées dès le jeune âge. A l'œuvre donc, enfants ! Et quand vous posséderez tous les secrets du savoir-vivre, ne vous croyez pas encore assurés de trouver grâce devant le juge difficile qui vous attend. La société demande mieux que des formes extérieures : comme à Dieu même, il lui faut de vraies et solides qualités. Acquérez la politesse des manières ; mais acquérez surtout la politesse que donne la vertu et dont Vauvenargues n'a pas craint de dire : « La véritable politesse est celle qui vient du cœur. »

FIN

TABLE

—

✳✺✳

24272. — Tours, impr. MAME.

CLASSIQUES

DE L'ALLIANCE DES MAISONS D'ÉDUCATION CHRÉTIENNE

24279. — Tours, impr. Mame.